MÉMOIRE

SUR LA NÉCESSITÉ

D'UN GLOSSAIRE GÉNÉRAL

DE

L'ANCIENNE LANGUE FRANÇAISE.

Extrait du Magasin Encyclopédique (Avril 1811),
Journal pour lequel on s'abonne chez J. B. SAJOU,
imprimeur, rue de la Harpe, n.° 11.

MÉMOIRE

SUR LA NÉCESSITÉ

D'UN GLOSSAIRE GÉNÉRAL

DE

L'ANCIENNE LANGUE FRANÇAISE;

PAR J. B. B. ROQUEFORT,

De l'Académie Celtique de Paris, de la Société des Sciences et Arts de Grenoble, de l'Académie de Lyon, de l'Athénée de Vaucluse, etc., etc.

PARIS,

DE L'IMPRIMERIE DE J. B. SAJOU,

Rue de la Harpe, n.° 11.

1811.

MÉMOIRE

Sur *la nécessité d'un Glossaire général de l'ancienne Langue françoise , par* J. B. B. DE ROQUEFORT; *lu, à la séance de la Classe d'histoire et de littérature ancienne, le 8 février* 1811 *, par* M. GINGUENÉ, *l'un de ses membres.*

MESSIEURS,

Parmi les ouvrages utiles, et j'oserai dire indispensables pour notre Histoire, plusieurs Sçavants ont désiré 1.° un Dictionnaire géographique de la France, dans lequel on recueillît avec soin toutes les particularités de chaque lieu; ses différents noms dans chaque siécle, suivant les divers idiômes de chaque province, de même que tous les changements qui y sont arrivés successivement, tant pour le civil que pour le militaire. 2.° Un Traité sur toutes les Monnoies de France, tant des principautés, duchés, baronies, que des archevêques, comtes, et autres grands vassaux, ainsi que des monnoies obsidionales. 3.° Une Bibliothéque françoise, contenant un catalogue exact de tous les auteurs qui ont écrit en notre langue depuis le XI.ᵉ siécle, jusqu'à l'époque mémorable de la découverte de l'imprimerie, avec une notice abrégée des ouvrages produits pendant les cinq siécles qui ont précédé le règne de François I. 4.º Enfin, un Glossaire françois, complet et général, renfermant toutes les expressions en usage pendant les XII, XIII, XIV, XV et XVI.ᵉˢ siécles. Les essais imparfaits que nous avons eus jusqu'à présent, ne peuvent qu'accroître le désir d'avoir un travail en grand sur cet objet, en l'embrassant dans toute son étendue. C'est sur ce dernier article que je vais avoir l'honneur d'entretenir la *Classe de l'histoire et de la littérature ancienne.*

Deux auteurs, vous le sçavez Messieurs, n'avoient épargné ni peines, ni soins pour y parvenir ; un des deux que plusieurs d'entre vous ont connu, étoit La Curne de Sainte-Palaye, dont vos Mémoires attestent les vastes connoissances et les talens. Le second fut Et. Barbazan, éditeur de poésies anciennes dont le choix est justement estimé, et auteur d'un Glossaire françois resté manuscrit.

Le Glossaire que je propose auroit l'avantage de prévenir des discussions dont cette enceinte même a plusieurs fois retenti, et de ménager un temps précieux employé souvent à chercher et à expliquer le sens de diverses expressions. Les Mémoires de l'Académie

prouveront encore la vérité de cette as-
sertion.

Depuis deux cents ans environ, beaucoup
d'écrivains ont travaillé avec plus ou moins
de succès à éclaircir notre histoire et notre
littérature; Guillaume du Bellay paroît être
le premier qui s'en soit occupé; après lui
du Tillet, Favyn, Fauchet, Pithou et Nicot;
plus tard, Du Chesne, Dupuis, Du Cange,
de Valois, Mabillon, de Laurière; ensuite
Lebeuf, Secousse, Bonamy, Foncemagne,
Sainte-Palaye, Barbazan, de Paulmy, Le
Grand d'Aussy, Mouchet, et enfin une foule
d'autres qu'il seroit trop long de nommer ici.

Nous avons à la vérité divers Glossaires
particuliers de notre ancien langage, et
des notions sur la vie et sur les ouvrages
de quelques-uns de nos premiers auteurs;
mais jusqu'à présent personne n'a pensé ou
osé embrasser ces deux objets dans toute leur
étendue. Le vaste recueil de Sainte-Palaye
est un prodigieux amas de matériaux qui
n'attendent plus qu'une Société laborieuse
pour les mettre en œuvre. Dans ses recherches, cet académicien a négligé, à mon avis,
une partie très-essentielle; c'est de faire usage
des manuscrits des XII et XIII.es siécles, de
consulter les anciennes traductions, et de trop
fouiller dans les auteurs des XV et XVI.es
siécles. Cet oubli est donc à réparer; le

Glossaire de Barbazan pourroit à la rigueur remplir une partie de cette lacune, et les nouveaux manuscrits dont s'est enrichie la Bibliothèque impériale aideroient à compléter l'autre.

A la vue des richesses que contient ce vaste dépôt des connoissances de l'esprit humain, comme de ses foiblesses; à la vue des secours que nous ont préparés les sçavants que j'ai cités plus haut, et ceux que nous pouvons trouver dans les précieux Mémoires de cette Académie, les travaux de tant d'illustres écrivains ne doivent-ils pas enflammer le zèle de ceux qui aspirent à marcher sur leurs traces, ou qui briguent l'honneur de leur succéder.

Je sçais qu'il faut un goût bien déterminé et un penchant presque irrésistible pour ce genre de recherches; j'ai calculé d'avance toute l'étendue d'une pareille entreprise, je sçais qu'elle est immense, et par dessus tout, je n'ignore pas le peu d'estime qu'on accorde communément aux travaux de ce genre; mais, le seul desir de bien faire, et de composer un ouvrage dont l'utilité soit généralement reconnue; tant de motifs ne sont-ils pas suffisants pour déterminer à l'entreprendre, surtout dans un siécle où l'esprit de discussion et de critique, épuré par le goût, paroît être porté au plus haut degré de maturité, et où l'homme studieux ayant la faculté de puiser dans une multitude de monuments littéraires connus, peut trouver des secours assurés et fidèles pour ses travaux ?

Aucune langue, peut-être, n'a été sujette à autant de variations que la langue françoise; et, pour les apprécier, il faut se livrer à l'étude de ses divers monuments écrits, qui sont beaucoup plus nombreux qu'on ne le pense communément; malgré ses imperfections, elle avoit commencé dans le XIII.ᵉ siécle à devenir universelle : car à cette époque on parloit et on écrivoit la langue françoise dans l'Orient, l'Italie, l'Espagne, l'Angleterre, l'Allemagne et dans les Pays Bas.

Mais, dira-t-on, de quelle utilité peut être un Glossaire françois? Les sçavants qui ont travaillé à notre histoire n'ont point eu ce secours, et n'en sont pas moins venus à bout de déchiffrer nos chartes, nos chroniques et nos anciens écrivains; en convenant en partie de cette vérité, j'ajouterai qu'un pareil ouvrage auroit évité la perte d'un temps considérable que ces sçavants ont employé à chercher, à tâtonner, à comparer et à deviner; qu'ils auroient mieux lu, ou plus facilement entendu et traduit certains passages sur lesquels on a souvent multiplié les commentaires pour interpréter des mots mal lus ou mal articulés; enfin, ce Glossaire n'eût-il que l'a-

vantage d'accélérer les premiers pas toujours pénibles et rebutants dans quelque carrière que ce soit, d'épargner les recherches en conduisant au but, de fixer la signification d'un mot pendant chaque siécle, et de faire connoître à l'Europe sçavante nos premières richesses littéraires enfouies dans les Biblio-thèques, tous ces motifs ne sont-ils assez puissants pour porter à entreprendre ce travail? D'ailleurs, quelle langue peut être aussi intéressante pour nous que celle de nos ayeux, puisque c'est dans leurs productions que sont consignés nos anciennes coutumes, nos lois, nos usages, les différents droits et redevances, les arts, les métiers, les monnoyes, les mesures de capacité, de superficie, etc. « Com-
« bien, dit le respectable Dom JEAN-FRANÇOIS,
« combien de procès n'ont-ils pas été perdus
« faute d'avoir entendu le jargon barbare
« d'un vieux titre? Combien d'usurpations
« n'ont-elles pas été commises, faute d'avoir
« connu la valeur des mots, par lesquels on
« désignoit les limites des possessions? »

La connoissance de l'ancien françois est donc évidemment nécessaire à tous les écrivains qui font de notre histoire et de nos antiquités l'objet de leurs études; s'ils entreprennent de publier quelques monuments, ils ne les donneront qu'avec des fautes et des incorrections qui en dénatureront le sens. Qu'il me soit encore permis, Messieurs, de rappeler à votre attention les dissertations qui se trouvent dans les premiers volumes des sçavants Mémoires de votre compagnie, pour trouver la signification d'un seul mot, et n'oublions pas que Dom Mabillon qui le premier apprit à déchiffrer les monuments latins, encourut une partie de ces reproches, en publiant en tête de son édition des œuvres de Saint Bernard, un fragment de la traduction françoise du premier Sermon de ce docteur éloquent ; n'oublions pas encore qu'il est échappé à Du Cange lui-même quelques altérations , ainsi qu'à la Thaumassière , Fauchet, d'Herouval, au P. Labbe ; et enfin, pour achever le tableau , montrons que les sçavants de cette Académie qui ont rapporté différents passages des anciens écrivains, ne sont pas même exempts de ces fautes; ce qui prouve que ces habiles antiquaires connoissoient mieux la latinité du moyen âge que notre ancien langage.

A présent, Messieurs, que l'Empire françois, brillant de gloire, est parvenu au plus haut degré de splendeur, par la sagesse et le courage du Héros qui le gouverne, les nouvelles loix, aussi sages dans leurs principes, que simples dans leur exécution, ont réduit cette foule prodigieuse de dénominations de loix et de coutumes à une seule.

Ce que n'avoient pu faire tant de rois, a été l'ouvrage des premiers moments du règne de Napoléon; le vœu de Philippe-le-Bel, de n'avoir qu'une coutume, un poids et une monnoye uniforme, a été accompli. Cette réduction a été un des premiers bienfaits que la main victorieuse de notre illustre Souverain, a répandus sur notre belle patrie. Je ne vous parle pas encore, Messieurs, des Codes civil et criminel, ni de l'érection de tous ces monuments fruits de sa haute sagesse, qui font de la France le modèle des nations, la gloire de ses habitants, le centre de la politesse, de la science et du bon goût.

Toutes ces dénominations de coutumes, de droits féodaux, de mesures, etc., doivent faire partie de l'ouvrage dont j'ai l'honneur de vous entretenir, en ajoutant à chaque article, l'époque de la création du mot ou de la chose, leurs changements successifs, et leurs variations; il en sera de même des monnoyes, des armures, des vêtements, etc., etc.

Il n'est pas étonnant que plusieurs auteurs se soient trompés en transcrivant d'anciens monuments; l'éloignement des temps a rendu leur erreur excusable; je n'en citerai qu'un exemple. Le Roman de la Rose fut l'ouvrage le plus en vogue chez nos ayeux, et c'est encore celui qui parmi nous a conservé le plus de réputation : hé bien! il fut successivement dépouillé de ses premières expressions par l'ignorance des copistes des siècles postérieurs qui avoient la manie de vouloir raffraîchir les termes surannés pour le rendre par-là plus intelligible à leurs contemporains. Molinet lui-même qui florissoit dans le XV.ᵉ siécle, voulant traduire ce Roman en prose, ou plutôt le paraphraser, tomba dans les plus grossiers contre-sens, de même que Clément Marot, dans son édition de ce même Roman, et lorsqu'il voulut raffraîchir le style de Villon.

Il ne suffit pas, en facilitant l'intelligence de la langue de nos premiers écrivains, de rapporter tous les mots dont ils se servoient et qui maintenant sont hors d'usage; il faut encore y joindre ceux qui nous sont familiers, mais qui ont eu autrefois une signification différente de celle que nous leur avons donnée depuis : il faut y ajouter aussi les anciens proverbes qui sont les sentences du peuple, et qui souvent font connoître son caractère ou celui qu'on lui attribue; j'en ai déja recueilli un assez grand nombre qui nous donnent une idée des talents particuliers des habitants de quelques-unes de nos provinces, d'autres qui font connoître les pays renommés pour les diverses productions de la terre, ou pour certains animaux. Ils nous enseignent aussi les différents objets de commerce, de fa-

brique, ou de manufacture; et enfin, les attri-
bus, ou les qualités de quelques hommes célè-
bres, ou des maisons illustres.

Ceux d'entre vous, Messieurs, qui ont jetté
les yeux sur nos anciens manuscrits, ont dû
remarquer qu'aucun mot n'avoit une orthographe fixe et déterminée; j'ai quelquefois compté
jusques à trente variantes orthographiques, et
ces variantes se trouvent dans le même ouvrage, souvent dans la même page, si le mot
y est répété plusieurs fois, et surtout si l'ouvrage est écrit en vers. Il faut donc noter ces
dissemblances par ordre alphabétique, afin
que ceux qui voudront connoître les divers
degrés qu'un mot a parcourus, puissent con-
sidérer les changements successifs de sa pro-
nonciation, de son orthographe, et voir d'un
coup-d'œil sa descendance depuis son ori-
gine jusqu'à nous.

En rejettant de ce Glossaire tous les mots
qui font partie de la langue moderne, ne se-
roit-il pas à-propos d'y indiquer l'entrée de
quelques-uns, et d'en fixer à peu près l'âge
en déterminant son ancienneté? Cette nomen-
clature me semble nécessaire dans un ouvrage
destiné à présenter l'histoire générale du langage.

Je pense donc, Messieurs, qu'il seroit utile
d'indiquer les divers changements d'orthographe survenus dans les noms propres d'hommes,

de villes ou de lieux ; cette réflexion me conduit à parler des différents dialectes et patois de nos anciennes provinces. Ils pourroient terminer les articles; ils concoureroient d'ailleurs à montrer la dégénération de chaque mot, et contribueroient à aider les recherches des sçavants sur un grand nombre d'ouvrages écrits en patois, dont les exemplaires toujours rares et souvent d'un prix très-élevé ne se trouvent que difficilement. Le Glossaire de la Langue Romane que j'ai publié en 1808, n'est qu'un abrégé du travail dont j'ai l'honneur de vous entretenir, et peut seulement donner une idée de ce qu'on pourroit faire en grand. J'ajouterai que peu de littérateurs ont les secours qui m'ont été offerts, et qu'indépendamment des divers ouvrages manuscrits ou imprimés que j'ai en ma possession, plusieurs gens de lettres, qui résident dans les Départemens, ont bien voulu, d'après mon invitation, me faire des vocabulaires particuliers du langage de leur pays; c'est par leurs soins que je pourrai présenter les synonymes en ancien lyonnois, en bressan, en franc-comtois, en bordelois, en dauphinois, en normand, en picard, et beaucoup d'autres dont il n'existe point de Dictionnaires.

Je proposerois, Messieurs, d'ajouter à quelques articles les étymologies quand elles descendroient directement; j'en présenterois aussi

quelques - unes dont les différentes orthographes ont corrompu la source, soit dans
les mots composés, ou dans ceux dont on a
retranché plusieurs lettres.

J'ai pensé que l'ordre dans lequel on ins-
criroit les citations ne pouvoit être indiffé-
rent, qu'il conviendroit à tous égards de
commencer par le plus ancien manuscrit : de
sorte qu'après avoir vû les variantes d'un
mot mises alphabétiquement, on puisse voir
par l'arrangement des citations, les dégrada-
tions séculaires de ce même mot, en partant
du point où il paroîtroit avoir fait partie de
notre langue, jusqu'au moment où son orthographe s'est fixée ; puisqu'en réunissant sous
un même point de vue les mots épars dans
un grand nombre d'auteurs de tous les âges,
j'ai désiré représenter fidèlement notre ancien
langage.

Si le nombre des autorités devenoit trop
considérable, nous nous bornerions, après
avoir donné une ou deux citations, à indiquer par des renvois, les auteurs qui auroient
employé le mot dans le même sens. Il arrive
souvent que la comparaison des passages cités
à l'appui, est l'unique moyen pour avoir la
signification d'une expression et conduire à
son véritable sens ; à cet égard, je ferois en
sorte de choisir pour mes autorités les passages
qui pourroient en moins de mots, en donner

l'interprétation la plus claire et la plus in-
contestable. C'est par cette raison que nous
nous déterminerions à insérer un grand nombre de citations de nos anciennes traductions,
qui, ayant le latin au dessous, ne peuvent
plus laisser de doutes et dès-lors font cesser
toute espèce d'équivoque sur la signification
du mot qui en est appuyé, ainsi que sur son
emploi.

Il est cependant certaines expressions qui
deviennent inintelligibles, parce que placées
dans des phrases obscures, elles ne présentent
aucun sens à notre esprit, et par là deviennent singulièrement difficiles pour ne pas dire
impossibles à expliquer; nous nous conten-
terions pour ces articles de rapporter les citations où nous les aurions remarquées; et, à
la suite de ces citations, nous ferions part de
nos incertitudes, de nos soupçons ou de nos
conjectures, afin que si un lecteur peut lui-
même rencontrer ces mots sous la même forme
ou sous une autre forme à peu près semblable
dans des ouvrages dont nous n'aurions pas
eu connoissance, il puisse, en réunissant et
comparant ces passages aux nôtres, en déterminer la signification.

Nous estimerions qu'il est utile après un
verbe d'ajouter toutes ses conjugaisons, afin
de le completter, et de chercher à prévenir
les incertitudes sur plusieurs temps qui pa-

roissent, et sont quelquefois bien éloignés de leurs radicaux, ou encore d'assurer les significations qui ont une même orthographe et un sens différent. Par exemple, le mot *Pert* est la troisième personne de l'indicatif présent des verbes *Perter*, continuer, persister, (*pertingere*); et toucher, concerner, appartenir, (*pertinere*); *Pertir* diviser, partager, *partiri*; *Parer*, paroître, comparoître (*parere*); et orner, embellir (*parare*); enfin *Perdre*, (*perdere*) qui jusqu'à présent a conservé sa signification. *Ain* du verbe aimer (*amare*); *Paroge*, de *paroler*, parler discourir (*parabolari*); *Jorront*, troisième personne du futur vient également des verbes *Joer* (*jocari*) et *Joïr* (*gaudere*) etc., etc.; enfin, nous ferions en sorte de réunir sous les yeux du lecteur les différents temps de quelques verbes encore en usage, mais dont il lui seroit difficile de former la conjugaison ancienne.

Je consulterai la Classe sur un point qui pourra paroître futile au premier aperçu, mais qui pour cela n'en est pas moins intéressant; ceux qui ont l'habitude de nos anciennes écritures pourront facilement l'apprécier. On sçait qu'en général nos anciens copistes distinguoient rarement le *j* consonne de l'*i* voyelle, et que le *v* remplaçoit l'*u* voyelle, et *vicè versà*. D'après cela je pro-

poserai la question de savoir si la **consonne**
j et la voyelle *i* doivent ne faire qu'une
seule et même lettre, en a outant un signe
quelconque pour en marquer la différence,
ou si l'on juge qu'elles doivent faire deux
lettres séparées (je serois volontiers de cet
avis), il en sera de même pour les voyelle
et consonne *u* et *v*.

Nous terminerions cet ouvrage, 1.º par une
table des matières rédigée sur celle du célèbre
Du Cange, afin, qu'en consultant notre Glossaire, on puisse prendre une connoissance
exacte et suffisante de l'objet dont on voudra
s'instruire; 2.º par un catalogue ou une table
alphabétique de tous les auteurs ou des ouvrages que nous aurons consultés; nous ferions
suivre ce travail d'une petite bibliothéque
françoise qui feroit connoître ceux de nos
écrivains dont les productions sont restées
manuscrites, ou n'ont pas été réimprimées
depuis la fin du XVI.ᵉ siécle; nous publie-
rions sur chacun d'eux une courte notice qui
feroit connoître leur vie, leurs ouvrages, les
temps, les lieux auxquels ils florissoient.
Nous décririons leurs manuscrits, et nous
désignerions les différentes bibliothéques où
ils se trouvent; 3.º enfin nous terminerions
par une paléographie qui mettroit à même
de s'assurer de l'âge d'un manuscrit, par son
écriture, par ses sigles ou par ses abbrévia-

tions, et par les majuscules. Il est surprenant que les sçavants qui ont publié les paléographies grecque et latine, n'aient pas songé à présenter les divers caractères d'écriture usités en France depuis le XI.ᵉ siècle jusques et compris le XVI.ᵉ tant dans les chartes, les diplômes (en françois) que dans les autres écrits; nous joindrions à ces instructions une notice sur le parchemin, la manière de le préparer, sur les règles pour en connoître l'âge; enfin, sur le papier et sur les diverses marques qui font connoître le temps de sa fabrication.

Nous ne nous dissimulons pas combien cette tâche est longue et pénible, nous sentons combien elle offre de difficultés; nous n'ignorons pas, les travaux les découvertes et les fautes de nos prédécesseurs dans cette carrière. Si le mérite augmente en raison de la difficulté d'une entreprise, nous ne nous flattons pas pour cela de pouvoir terminer ce Glossaire d'une manière exempte de reproches; nous voulons au contraire que nos méprises et nos erreurs soient relevées, car nous cherchons autant à nous instruire qu'à instruire les autres; ne désirant que la vérité, nous prétendons aussi être combattu ou éclairé par elle, afin que du choc des opinions jaillisse sa lumière; qu'elle montre nos fautes, et facilite les moyens de les éviter à ceux qui seroient tentés de courir cette carrière.

Nous terminons en présentant quelques articles qui pourront, au surplus, faire connoître l'esprit dans lequel nous voulons rédiger et achever ce Glossaire.

I.ᵉʳ Exemple.

Accoison
> Gloss. de la Langue Rom., p. 16.

Achaison
> R. du Rou, f.o 92. Roman des Romans, strophe 24.

Acheison
> Traduct. des Distiq. de Caton par le Moine Everard.

Acheson
> Dict. d'Yonet ou d'Yvonet, Rom. de Vace.

Achesu
> Le Doctrinal de Sauvages.

Achoise
> Gloss. de la Langue Rom., p. 16.

Achoison
> R. du Rou, f.º 48; Annales du règne de S. Louis; Miracles de S. Louis; Farce de Pathelin; Rom. de la Rose, v. 10237; Castoiement, conte VI, v. 116; Coust. de Beauvoisis, chap. 57; la Vengeance de J.-C.; la Vie de Bertrand Du Guesclin; Marot; Testament de Jehan de Meung, v. 1107.

Acoison
> Grand Coustumier, liv. 2, titre 10, p. 107, lig. 11.

[18]

Aqoison

Fabliaux, vol. 4, p. 491.

Aquoison

Coustumes de Beauvoisis, chap. 36.

Enchaison

Bible, Genèse, ch. 29, v. 13.

Enchaisoun

Bible, Proverbes de Salomon, ch. 23, v. 29.

Encheison

Bible, Deuteron : ch. v.

Encheisoun

Bible, Josué, chap. 22, v. 25 ; Juges, ch. 14, v. 4.

Encheisun

Les Enseignemens d'Aristote, f.º 176.

Encheyson

Bible, Genèse, chap. iv.

Occhoison

Ordon. des Rois de France, t. 3, p. 347.

Occoison

Fabliaux, t. 1.

Ochison

Dial. de S. Grégoire, liv. 1, ch. 1.

Ochoison

Poés. MS. de Gautier d'Espinai ; Congié de Jehan Bodel d'Arras, v. 266.

Ocoison

Congié de Baude Fastoul d'Arras, v. 553 ; Fabliau du Chevalier au Barizel, v. 775.

Ocquision
> Gloss. de la Langue Rom.

Ocquison
> *Idem.*

Ocquoison
> *Idem.*

Ocuoison
> *Idem.*

Ocusson
> *Idem.*

Oqoison
> Fables de Marie de France.

Oquision
> Martenne, Anecd. t. 1 , col. 1248.

Oquoison
> Rom. du Quens de Ponthieu , Poés. franç.
> du Vatican.

Substantifs féminins.

Occasion heureuse ou malheureuse, dessein bon ou mauvais, cause, loisir, fait, motif, raison, intention, vue, prétexte, rencontre, attente, espérance; malheur, accident, méchanceté, malice, querelle, dispute, trahison, calomnie, persécution, accusation, plainte en justice, impôt, amende pour un délit; formalité de justice.

Ces diverses variantes orthographiques ont été employées dans ces différentes acceptions, elles ont été formées des deux mots latins : *occasio* et *accusatio*.

En basse lat. *acheso.*

En anc. prov. *acaizo* (1).

> Del regne Chaldeus *l'encheisun*
> De tute la destructiun,
> Eu en despenses en vérité
> La très graunt superfluité;
> Kar les despenses plus amunteint
> Ke les rentes des citez ne feseient.
>
> *Les Enseignemens d'Aristote, par Pierre de*
> *de Vernon Ms. fonds de l'Eglise de*
> *Paris. N. n.° 5, f.° 176.*

Par quel *enehaison* dist tu que elle fust ta soer, que jeo l'ai prisse à moy à moiller.

> *Bible du douzième siécle, n.° 6701, Genèse,*
> *ch. 12, v. 19.*

Quam ob *causam* dixisti esse sororem tuam, ut tolle-rem eam mihi in uxorem ?

______

(1) Dans quelques provinces l'on dit *encoison,* *encoisonné,* pour désigner une chose qui est termi-née en angle ; dans la Saintonge, une pièce de terre *encoisonnée* est un terrain qui est plus large en haut qu'en bas.

Nota. Il est bien étonnant que La Curne Sainte-Palaye n'ait pas rencontré une de ces orthographes, et qu'elles ayent échappé aux recherches du savant Mouchet, son successeur, dont je m'honore d'avoir été l'ami et l'élève.

[21]

Et quant il out oï *l'enchaison* de son chemin , il res-
pondi , tu es ma bouche et ma char.

Id. Genèse , ch. 29 , *v.* 13.

Auditis autem *causis* itineris, respondit : os meum es,
et caro mea.

Et par ceste *enchaisun* voz filz turneront noz filz de
la doute de Nostre Seignor.

Id. Josué , ch. 22 , *v.* 45.

Et per hanc *occasionem* avertent filii vestri filios
nostros à timore Domini.

Lors ne savoient ses parentz que ceste chose fust
faite de Nostre Seignor, et queist *enchaisoun* en-
contre Philistiens.

Id. Juges , ch. 14 , *v.* 4.

Parentes autem ejus nesciebant quòd res à Domino
fieret, et quæreret *occasionem* contrà Philisthiim.

A qi est dolour? à qi pere est dolour? à qi sount
foessées? à qi sount plaies sanz *enchaisoun?* à qi
roiller des oels.

Id. Prov. de Salomon , ch. 23 , *v.* 29.

Cui væ? cujus patri væ? cui rixæ? cui foveæ?
cui sine *causa* vulnera? cui suffusio oculorum?

> En (es) esmerveillez
> Ceo ke jeo aie ces vers escrit
> Issi nuement;
> Mès ceo est *l'acheison,*
> Ke deisse ma reison
> En dous vers brievement.

Trad. des Distiques de Caton , par le
Moine Everard , f.° 212.

C'est l'imitation de ces deux vers latins.

Miraris verbis nudis me scribere versus ;
Hæc brevitas sensus fecit conjungere binos.

Conclus. oper.

Par moult poi d'aventure est une âme fenie,
Et par poi d'*achoison* est une âme perie.

Roman du Rou, f.° 53.

Cil a moult les Hons laidement demenez,
De plaiz et d'*achaisons* damagiez et grevez.

Rom. du Rou, f.° 92.

Dans le manuscrit de Vacce cité par Du Cange au mot *acheso ;* cette citation est ainsi :

Cil a moult tout se homes laidement demenez,
De plais, et d'*achesons* damagiez et grevez.

Autre Ms. du même ouvrage cité par Du Cange,

Mais par ke je az lisanz sostraie l'*ochison* de dotance, par chascunes choses cui ge descrirai, par queiz auctors les ai parcéues manifesterai.

Dial. de S. Grégoire, liv. I, *ch.* I,

Sed ut dubitationis *occasionem* legentibus subtraham, per singula quæ describo, quibus hoc narrantibus (auctoribus) comperta sunt, manifesto.

Dame, dit-ele, que ferai ?
Certes, s'aucun conseil n'en ai,
Ge criem molt estre desjoglée,
Et par tel *achoison* muée.

Castoiement, Conte XI.e, vers 113.

[23]

Mult a el siecle divers *achaisons*,
De mener plurs et lamentations,
Ne vus trestoutes aconter nès poons
Kar sul del oïr vus ennuierons.
  Roman des Romans, stroph. 24, *f.°* 140, *v.°.*

Amors me done *ochoison* de chanter,
Et ma dolors *ochoison* de complaindre.
  Gautier d'Espinai.

L'ocoison, dont me trai arriere
M'ensegne k'à Jehan Verdiere
Qui maint avoec Pierron Poncin, etc.
  Congié de Baude Fastoul d'Arras, vers 553.

Baudin Fastoul ore m'en plaide
Une *ochoisons* honteuse et laide
Ki m'a fait guerpir mon estage.
  Congié de Jehan Bodel d'Arras, v. 265.

Diex, s'il i muert par *m'ocoison*, (faute, négligence).

Rendre m'en convenra raison :
Si m'en ert trop aigres li deus.
  Le chevalier au Barizel, vers 775.

Dame, fet-il, vos dites bien,
Ne voudroie pour nule rien
Que de moi i ait *acheson*
De mescreance, ne souspeson,
Je crois très bien le criatour.
  Dict. d'Youet.

Ramambranche d'amors me fait chanter
Ne n'est pas l'*oquoison*, (raison, sujet).
Au rien m'ais
Mais haus vouloir sans espoir d'aciever.
  Poés. franç., Ms. du Vatican, n.° 1490, *f.° 32, r.°.*

[24]

Bien doit li haus hom estre jolis devant la gent,
Cointes et acesmez se il est de jouvent,
Et doit son cors tenir biel et honestement,
Se il n'a dreite *achesun*, mès je vos dis briement
K'il deit sa penitenche fere segretement.
        Le Doctrinal de Sauvages, MSS. de N. D.

Il me samble selonc raison
Que justice à bonne *achoison* (vues, dessin, motif).
Meit en termes ceste affaire.
        Tragédie de la Vengeance de J. C.

Puis ot du Roy de France, ce nous dist la chançou,
Un parlement qui fu assiguez à Vernon;
Et là vint par accort par certaine *achoison* (prétexte)
Li Rois qui de Navarre tient le noble roion.
        Vie de Bertrand Du Guesclin.

Et robé maint joiel à tort et sans raison,
Calices de moustiers, et argent, et or bon,
Tous les maus qu'on puet faire, plain de mal *achoison*,
    (malice, méchanceté, mauvais dessein, trahison).
        Méme MSS.

Chaï la tour ainsi qu'à un coron,
La moitié en chaï au lez devant le mont,
Et quant ceux de séans parcurent *l'achoison* (mal-
                                heur, accident).
Aux creneaulx sont venus demander raeuçou.
        Méme MSS.

Puis le reprint quant par brieve *achoison* (2).
Un Ferrarois luy donna la poison.
        *Marot, Cimetière de François, Dauphin de
        France.*

____

(2) Ce mot ne signifie pas *difficulté*, comme le dit l'auteur
du Glossaire du Roman de la Rose, qui renvoie au vers 1107
du Testament de Jehan de Meung; il est pris pour calomnie,
accusation, persécution.

II.ᵉ Exemple.

Aarder
> Comm. sur le Sautier.

Aardre
> Sainte Léocade, n.º 1830, f.º 33, r.º col. 2, v.

Adherdre
> Rom. de la Rose, v. 7942 ; Al. Chartier, de
> l'Espérance, p. 331.

Adhérir
> Ord. des Rois de Fr., tom. V, p. 359.

Aerder
> Borel, Dict.; Dial. de S. Greg. ; Assis. de
> Jérusal., ch. 89.

Aerdre
> R. de Blanchandin, n.º 1830, f.º 180, r.º
> col. 3; Eust. des Champs, f.º 468, col. 2;
> Gloss. des Coust. de Beauvoisis.

Aerter
> Borel., Dict.

Aharder, ahardre
> R. de Perceforest, vol. V, f.º 35, v.º col. 2
> et f.º 81, v.º col. 2; les Marg. de la Mar-
> guerite, tom. I, p. 116, v.º.

Aherder
> Borel., Dict.; Modus et Racio, imp., p. 94, r.º.

Aherdre
> Serm. de S. Bernard, f.ºˢ 6, 47, 53 et 109 ;
> R. de Partenopex de Blois, n.º 1830,
> f.º 159.

Ahérer

> Chron. de Nangis, an. 1216.

Aherter

> Anc. poés. franç. du Vat., n.º 1490, f.º 128, r.º.

Ahierdre

> Phil. Mouskes, MSS., f.º 9.

Aierdre

> Glossaire de Joinville.

Enherdre

> Bible, Deuteron, ch. 30, v. 19.

Verbe.

Attacher, attaquer, consentir, joindre ; accoler, embrasser, arrêter, retenir, saisir, prendre, enlever, adhérer, se rendre adhérent.

Nota. Ces mots précédés de l'S signifioient s'accoler, s'attacher, se joindre, s'arrêter, s'approprier, se prendre à quelque chose.

Du latin *adhærere*, et *ardere*.

En picard, *aherdre*, prendre, saisir, empoigner.

De ce verbe se sont formées les expressions suivantes :

S'aherdre à home, s'aerdre de bataille à home

> S'attaquer, d'où *aerdresse de bataille*, attaque.

S'aarder

> S'attacher au parti de quelqu'un.

Aherdir à la luitte, aherdre une luite

 Lutter, se prendre corps à corps.

Estre aers d'esclame

 Mériter des plaintes, des reproches dont
  l'honneur est attaqué.

Du verbe *aherdre* l'on a formé le composé suivant :

Desaherdre

 D. Carpentier, tom. 1, col. 61.
 Détacher, débarrasser, disjoindre.

Ardant

 Modus et Ratio, imp., p. 94, r.°

Adhérant, adherdant, adhéris

 Monet, Dict.; D. Carpentier, tom. 1, p. 61.
 Ord. des Rois de Fr., tom. 5, p. 395.

Aerdant, aers, aherent

 Modus et Ratio, MS., f.° 191, r.°; Fabl.,
  MS., n.° 7989², f.° 241, r.° col. 1; Eust.
  des Champs, MS., f.° 351, col. 2.

Aherdant, ahers, ahiers

 Phil. Mouskes, f.° 191, r.°; Serm. de S.
  Bernard, f.° 1; Mouskes, f.° 599.

Aiers, enhers

 Mouskes, f.° 185; Ordonn. des Rois de Fr.,
  tom. 5, p. 395.

Participe, adj. et substantif.

Qui attache, qui prend, qui adhère, qui
est attaché, pris, entouré.

Adherition

 Ordonn., tom. 5, p. 396.

Adherment, aerdresse, ahercion
> *Id.;* Assises de Jérusalem, liv. **2**, ch. 73;
> Eust. des Champs, f.ª 3o7, col. **1**.

Aherence
> Du Cange Gloss., *adhœrentia.*

Aherse
> Coustumier général, tom. 2, p. 976.

Substantif.

Adhésion, action d'adhérer; appartenance, cohérence, union, réunion.

CONJUGAISON.

Indicatif présent.

Ju m'ahert
> Je m'attache.

Aart, aert, ahert
> Attache, prend, saisit, enlève.

Aherdons
> Attachons.

Indic. prét. ou parfait.

Adherdi, adherdy, aerdi, ahardist, ahardit, aherdi, aherst, ahierst
> Attacha, prit, attaqua, enleva.

Ahersent
> Attachèrent.

Indic. futur.

Adherissons
> Attacherons.

Subjonct. imparfait.

Aersist
> Attaquât, attachât.

Adherdirent
> Attachassent.

Subjonct. prés.

Aherdiens
> Attachions.

Impératif.

Aerde, aharde
> Prenne, saisisse.

III.ᵉ Exemple.

Ainc
> Fabl. n.° 7218, f.° 235, v.° col. 1 ; Ville-Har-
> douin, p. 46.

Ainchois
> Fabl. n.° 7989², fol. 212, v.° col. 1.

Ainçois
> Joinville, p. 153 ; ordonn., t. 1, p. 674 ;
> Nicot, Cotgrave, Borel, Dict.

Ainçoys
> Rom. du Jouvencel, f.° 42.

Ainczois
> Ordonn., t. 3, p. 177.

Ainques
> Fabl. n.° 7989², f.° 77, v.° col. 2.

Ains

> Coust. de Beauvoisis, ch. 5, Fabliaux n.° 7218.
> Jehan le Maire, p. 154 ; Rom. de Cléo-
> madès, fonds de Gaignat , f.° 21 ; r.° col. 3,
> Marot.

Ainschois

> Bestiaire d'Amour, n.°. 7534, f.° 278, r.°
> col. 2.

Ainsois

> Fabl. n.° 7615, f.° 105, v.°.

Ainz

> Marbodus, de Gemmis, art. 14, col. 1652.

Alains

> Rom. du Brut., f.° 56, v.° col. 2.

Alainz

> Poés. franç. avt. 1300, t. 2, p. 614.

Aleins

> Fabl. d'Estrubert, n.° 7996.

Aleisnz

> même MS.

Anceos

> S. Bernard, Serm. f.° 17.

Anchié

> Borel, Dict.

Anchiez

> Rom. du Rou, f.°ˢ 38, 233, 401.

Anchois

> Borel, Dict. ; D. Carpentier, verb. *abladare.*

Ançoi

> Poés. franç. du Vatican , n.° 1490, f.° 52, v.°.

Ançois

Vies des SS. Fonds de Sorbon., n.º 61, col. 3.

Ançoys

Marot, p. 137.

Ans

S. Bernard, Serm. f.º 35.

Ansois

Fabl n.º 7615, f.º 139 v.º.

Anz

S. Bernard, Serm. f.º 22.

Anzois

Ibid., f.º 54.

Einchieux

XV Joyes de Mariages, pref.

Einçois

Bible Guiot.

Eins

Fabl. n.º 7989², f.º 60, v.º col. 1.

Einsois

Gloss. du Joinville.

Einz

Rom. de Perceval, f.º 226, v.º; Liv. des Rois, f.º 10, r.º col. 2.

Encheux

XV Joyes de Mar., pref.

Encieux

Ibid.

Ençois

> Test. du Comte d'Alençon, à la suite du Joinv., p. 182.

Ens

> Liv. des Rois, f.º 152, v.º col. 1.

Enz

> *Ibid.*, f.º 91, r.º col. 1.

Hainc

> Vies des SS. Fonds de Sorbon., n.º 27.

Hains

> Fabl. n.º 7615, f.º 139, v.º col. 1.

Inçois

> Fabl. n.º 7213, f.º, v.º col. 2.

Préposition et Adverbe.

Avant, auparavant, ci-devant, plus, plutôt, de plus, davantage, au plutôt, le plutôt; du latin *antè;* (Ménage, Dict. Etym.); et *antequam;* en picard, *ancheux, einchieux.*

L'orthographe *ains* est celle qui a été la plus usitée; elle s'est conservée jusques vers le milieu du dix-septième siécle où elle a été retranchée de notre langue; Goujet, Bibl. franç., t. 16, p. 46 et 47.

De là on a dit :

Ains ains, qui ains ains;

> A qui miéux mieux, l'un avant l'autre, l'un plutôt que l'autre.

Ains encores que;

> Quoique.

Ains jors, ainz jour, alainz jornée, ainz la jornée;

> Avant le jour.

Ains mais, ainz mès;

> Auparavant, plus avant.

Ains mains;

> Plutôt moins.

Ains metre;

> Avant que de mettre.

Ains quoi que;

> Avant que, avant quoi.

Ains que, les aincoins que;

> Avant que.

Eins dire;

> Prédire.

De ces mots sont formés les part. adj. et subst.

Ainsné;

> Premier né, plus âgé; voy. *aané.*

Et ainsnéesse;

> Priorité d'âge; voy. *aainnéesce.*

IV.ᵉ EXEMPLE.

Airagne

> Monet, Dict.

Airaigne

> Cotgrave et Oudin, Dict.

Aireigne

> Merlin Cocaye, t. 2, p. 379.

Arache

> Ronsard; Nicot, Dict.

3

Aragne
> Coquillard; Ronsard; Monet, Dict.

Aragnée
> Borel, Monet, Dict.; Ménage, Dict. Etym.

Araigne
> Rabelais, t. 4, p. 205; Trippault; Cotgrave et Oudin, Dict.; Malheur de la France.

Araine
> Doctrinal de Sapience, f.° 35, r.°.

Areigne
> Nicot, Dict.

Areignée
> Du Fouilloux, Venerie, p. 29, r.°.

Arigne
> Perceforest, t. 5, f.° 72, v.° col. 1.

Arignée
> Perceforest, t. 5, f.° 72, v.° col. 1; Cotgrave, Oudin, Nicot et Robert Estienne, Dict.

Arreigne
> Cout. de Metz, au Nouv. Coust. gén., t. 2, p. 433.

Arragnée
> Nouv. Coust. gén., t. 2, p. 1167 col. 2.

Eragne
> Nicot, Dict.

Eraigne
> Rebours de Matheolus, Borel, Dict.

Eraine
> Nicot, Dict.

Erane
> *Idem.*

Iragne

Contes d'Eutrapel, p. 184.

Iraigne

Cotgrave, Dict.; Bible Guiot.

Iraignée

Villon, p. 8.

Iraignie

Eustache Deschamps.

Irantaigne

Coquillard.

Iregue

Fabliaux, t. 2, p. 457.

Iregnie

Fabl. d'Audigier, Ms. n.° 1830, f.° 66.

Yragne

Castoiement. Même Ms.

Yraigne

Cotgrave et Borel, Dict.; Laurière, D. Carpentier.

Yraignie

Gloss. du P. Labbe, p. 489.

Yraingne

Eust. Deschamps, p. 521, col. 3; Du Cange, t. 4, col. 740.

Yrengne

Fables de Marie de France.

Yrengnie

Fabl., n.° 7989².

Substantif féminin.

Araignée; toile d'araignée; espèce d'étoffe claire et légère; treillis de fil d'archal ou de laiton que l'on mettoit aux croisées pour empêcher que les vîtres ne soient cassées, ainsi nommé à cause de la ressemblance avec la toile de l'araignée.

D'aranea, araneum, dérivés du grec ἀράχνη.

En anc. prov. *aragna*.

En toulouzain *tararagne*.

A Montpellier *Estaliragne*.

En Champagne *airagnée, airagniée*.

De ces orthographes on a formé le diminutif *aragnéte* (Monet, Dict.), petite araignée, et les adjectifs suivants :

Aragneus

Monet, Dict.

Araigneux

Cotgrave et Oudin, Dict. ; Trippault.

Araignier

Cotgrave, Dict.

Iraigneus, iraigneux

D. Florès de Grèce, Epit. p. 8, col. 1.

Yraigneux

Poés. de Loys le Caron, p. 13, r.°.

Plein d'araignées; plein de toiles d'araignées;

propre à l'araignée ; semblable à la toile d'a-
raignée ; qui se nourrit d'araignées ; d'*ara-
neosus* et,

Araignère

   Cotgrave et Oudin, Dict.

Ce substantif et adjectif féminin s'employoit
dans les mêmes acceptions que l'adjectif,
et signifioit encore, membrane cristalline,
arachnoïde.

Dans le Rochellois et le pays d'Aunis, on
se sert du substantif féminin *arantèle* dans
le même sens que le mot *airagne ;* du verbe
aranteler, pour désigner le tissu de l'a-
raignée, lorsqu'elle travaille à sa toile, ou
lorsqu'on enlève ces toiles d'un endroit quelconque ; enfin, du substantif masculin *aran-
teloir*, grand balai pour nettoyer et enlever
les toiles de l'araignée. Quelques auteurs ont
employé les mots *arantèles*, *arantelles* (Du
Fouilloux, Venerie, p. 29, r.º ; Ménage et
Trévoux, Dict.), pour désigner ces filandres
qui sillonnent l'air dans les beaux jours de
l'automne.

V.ᵉ EXEMPLE.

ALLER v. n. (en usage).

Indicatif présent.

Allent,

  Ils vont.

Indicatif prétérit.

Je alai, j'allis,
J'allai.

Alemes, alliames,
Nous allâmes.

Altrent,
Ils allèrent.

Indicatif imparfait.

Ju aleue, jou aloie, jeo aloye.
J'allois.

Aloies, aloyes,
Tu allois.

Alet, aleuet, alot,
Il alloit.

Aliemes, aliens,
Nous allions.

Aleuent,
Ils alloient.

Indicatif futur.

Alera,
Il ira.

Impératif.

Ailles,
Va.

Alt ; au,
Qu'il aille.

Allen , allomes , alomes , alons ,
>Allons.

Alon-nient ,
>Allons-nous-en.

Subjonctif présent.

Jo aaille , je alge ,
>J'aille.

Aillet , alge , alt , au , auge , aut ,
>Il aille.

Aillienz ,
>Nous allions.

Ailliez , algiez ,
>Vous alliez.

Aillient ,
>Ils aillent.

Subjonctif imparfait.

Jou alaisse , alasse ,
>J'allasse.

Alastes ,
>Tu allasses.

Alest , alist , alit , allast , alout ,
>Il allât.

Allissions ,
>Nous allassions.

Allissiez ,
>Vous allassiez.

9 782329 661964